17 mai 1873 — M. Oudart

Vente du Samedi 17 Mai 1873

HOTEL DROUOT, SALLE N° 2

Exemplaire de Barre

COLLECTION DE M. E. J...

D'AUXERRE

TABLEAUX

MODERNES ET ANCIENS

DE L'ÉCOLE FRANÇAISE

EXPOSITIONS

PARTICULIERE	PUBLIQUE
Le Jeudi 15 Mai 1873	Le Vendredi 16 Mai 1873

Me CHARLES OUDART, COMMISSAIRE-PRISEUR

M. ÉMILE BARRE, EXPERT

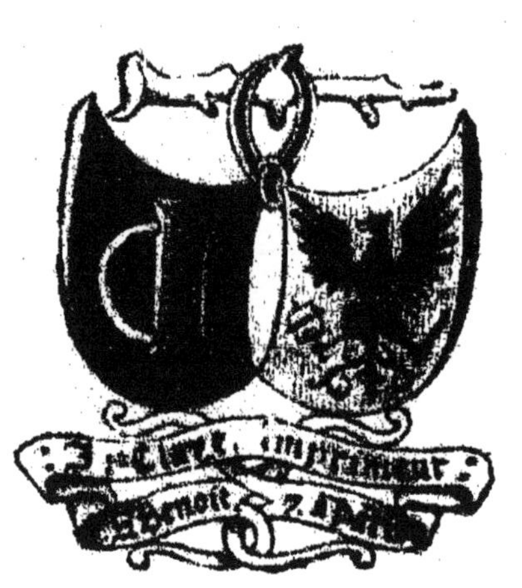

CONDITIONS DE LA VENTE

Elle sera faite au comptant.

Les acquéreurs payeront *cinq centimes par franc,* en sus des enchères, applicables aux frais.

L'Exposition mettant les Adjudicataires à même de se rendre compte de l'état et de la nature des objets, il ne sera admis aucune réclamation une fois l'adjudication prononcée.

CATALOGUE

DES

TABLEAUX

MODERNES ET ANCIENS

DE L'ÉCOLE FRANÇAISE

COMPOSANT

LA COLLECTION DE M. E. JO.....

D'AUXERRE

DONT LA VENTE AURA LIEU

HOTEL DROUOT, SALLE N° 2

Le Samedi 17 Mai 1873

PAR LE MINISTÈRE DE Me CHARLES OUDART, COMMISSAIRE-PRISEUR

31, rue Le Peletier

ASSISTÉ DE M. ÉMILE BARRE, EXPERT

20, Chaussee-d'Antin

Chez lesquels se délivre le présent Catalogue

EXPOSITIONS

PARTICULIÈRE	PUBLIQUE
Le Jeudi 15 Mai 1873	Le Vendredi 16 Mai 1873

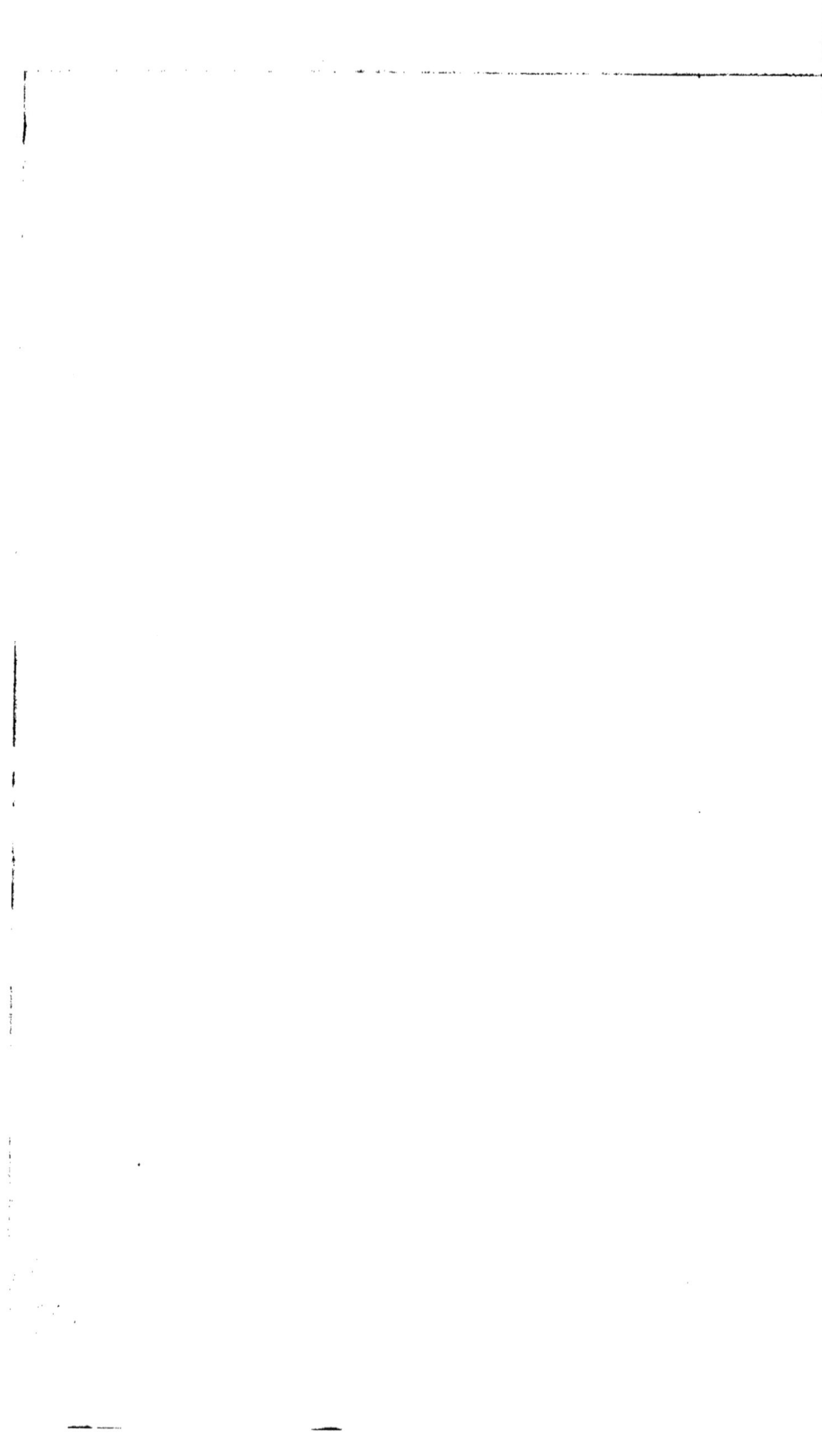

DÉSIGNATION

TABLEAUX MODERNES

ACCARD.

1 — L'Enfant malade

ANASTASI.

2. — Environs de Palerme.

ANASTASI.

3. — Ferme de Normandie.

ANASTASI.

4. — Allée de pins.

BERCHÈRE.

5. — Vue d'Orient.

BERCHÈRE.

6 — Halte d'Arabes à l'entrée d'une ville.

BONINGTON.

X 7. — La Promenade de la reine.

Très-gracieuse composition de la belle qualité du maître.

BOUDIN.

8. — Marine; port de mer de Bretagne.

BOUDIN.

9. — Marine.

BRASCASSAT.

10. — Taureau au pâturage.

Très-beau spécimen du maître.

BROWN (John-Lewis)

11. — Halte de dragons.

COCK (César de).

12. — Rivière sous bois.

COCK (César de).

13. — Pâturage en Normandie.

COCK (César de).

14. — Une Ferme à Veules.

COROT.

15. — Paysage avec pêcheurs.

COURBET.

16. — Marine.

DELACROIX (Eugène).

17. — Le Juif d'Alger.

Une jeune femme vient de lui apporter un collier dont il examine la valeur. Un jeune Arabe assiste indifférent à cette scène.

DIAZ.

18. — Le Repos après le bain.

Tableau de quatre figures, de la plus belle qualité du maître.

DUVERGER.

19. — La Lettre.

FAUVELET.

20. — Seigneur en costume du temps de la Régence.

FAUVELET.

21. — Le Coup de sonnette.

ROBERT-FLEURY.

22. — Les Deux Amies.

JONGKIND.

23. — Le Moulin.

LAMBERT.

24. — Intérieur de cellier avec lapins.

LEPOITTEVIN.

25. — La Petite Paysanne.

PÉCRUS.

26. — L'Attente (Salon de 1859).

PROTAIS.

27. — Zouaves à la pêche.

ROZIER.

28. — Vue d'Orient.

SCHENCK.

29. — Chevreuils.

TROYON.

30. — Le Départ pour le marché.

Tableau d'une charmante couleur et d'un piquant effet.

TROYON.

31. — Les Bûcherons.

VERNET (Horace).

32. — Le Dernier Adieu de l'Arabe.

VEYRASSAT.

33. — Vue prise aux environs de Sens.

VEYRASSAT.

34. — Nature morte.

VEYRASSAT.

35. — Les Lavandières.

VEYRASSAT.

36. — Chevaux au pâturage.

WATELIN.

37. — La Mare.

ZIEM.

38. — Marine.

ZIEM.

39. — Vue prise à Venise, avec vaisseau et barque de pêcheurs.

AQUARELLES

ALBERTIS.

40. — Italienne jouant du tambour de basque.

ALBERTIS.

41. — Le pendant.

ANDRIEUX.

42. — Scène de barricade.

ANDRIEUX.

43. — Lanciers rouges.

BERTRAND.

44. — Ruines.

BERTRAND

45. — Paysage.

BONVIN.

46. — Mendiante.

Dessin à la plume.

BOUCHER.

47. — Tête de femme.

Dessin à la sanguine.

CRAPELET.

48. — Vue d'Égypte.

DESHAYES.

49. — Marine.

DUMARESQ (Armand).

50. — Spahis.

FAYNEDI.

51. — L'Italienne à la rose.

ISABEY.

52. — Chemin couvert.

JACQUE (Ch.).

53. — Eau-forte.

NOEL (Jules).

54. — Marine.

PEREGO.

X 55. — L'Attente.

RAFFET.

56. — Scène de la Révolution de 1830.

VEYRASSAT.

57. — Faneurs et Faneuses.

VEYRASSAT.

58. — Le Bac.

TABLEAUX ANCIENS

DE BAR (Bonaventure).

59. — La Partie de bain. X

BOILLY.

60. — Jeune Femme artiste, à son chevalet. X

DEMARNE.

61. — Le Marchand d'images. X

Composition importante.

DESHAYES.

62. — Satyre guidé par l'Amour surprenant une nymphe endormie. /

DROLLING.

63. — La Jarretière.

DROUAIS.

64. — L'Éducation de l'oiseau.

EISEN.

65. — Le Marchand de légumes.

EISEN.

66. — La Marchande de pêches.

FRAGONARD.

67. — La Petite Fermière.

Charmante esquisse du maître.

LEMOINE.

73. — Amours jouant avec des colombes.

PATER.

74. — Le Repos dans la campagne.

ROBERT (HUBERT).

75. — La Cascade.

Composition animée de plusieurs figures.

ROBERT (HUBERT).

76. — Artiste dessinant des monuments en ruine aux environs de Rome.

SCHALL.

77. — Jeune Femme assise dans un parc.

LEMOINE.

73. — Amours jouant avec des colombes.

PATER.

74. — Le Repos dans la campagne.

ROBERT (Hubert).

75. — La Cascade.

Composition animée de plusieurs figures.

ROBERT (Hubert).

76. — Artiste dessinant des monuments en ruine aux environs de Rome.

SCHALL.

77. — Jeune Femme assise dans un parc.

SCHENEAU.

78. — La Surprise.

TIEPOLO.

79. — L'Enlèvement d'Europe.

VALIN.

80. — Flore.

VALIN.

81. — Nymphes et Amours.

VAN SPÆNDONCK.

82. — Bouquet de roses.

PARIS. — J. CLAYE, IMPRIMEUR, 7, RUE SAINT-BENOIT — [844]

www.ingramcontent.com/pod-product-compliance
Ingram Content Group UK Ltd.
Pitfield, Milton Keynes, MK11 3LW, UK
UKHW020539180726
13839UKWH00006B/2612